Keiner ist so schlau wie ich III

Ein Förderprogramm für Kinder im Vorschulalter
und zum Schuleintritt

Edeltrud Marx und Karl Josef Klauer

Mit Illustrationen von Michael Bleyenberg

Vandenhoeck & Ruprecht

Die Katholische Hochschule Nordrhein-Westfalen hat die Illustration
des Programms finanziell unterstützt.

Bibliografische Information der Deutschen Nationalbibliothek

Die Deutsche Nationalbibliothek verzeichnet diese Publikation in der Deutschen Nationalbibliografie,
detaillierte bibliografische Angaben sind im Internet über http://dnb.d-nb.de abrufbar.

ISBN 978-3-525-79025-0

© 2011, Vandenhoeck & Ruprecht GmbH & Co. KG, Göttingen / Internet: www.v-r.de
Alle Rechte vorbehalten. Das Werk und seine Teile sind urheberrechtlich geschützt. Jede Verwertung
in anderen als den gesetzlich zugelassenen Fällen bedarf der vorherigen schriftlichen Einwilligung
des Verlages. Hinweis zu § 52a UrhG: Weder das Werk noch seine Teile dürfen ohne vorherige
schriftliche Einwilligung des Verlages öffentlich zugänglich gemacht werden. Dies gilt auch
bei einer entsprechenden Nutzung für Lehr- und Unterrichtszwecke. Printed in Germany.

Coverabbildung: Michael Bleyenberg.
Satz und Lithographie: SchwabScantechnik, Göttingen
Druck und Bindung: Druckhaus Göttingen im Göttinger Tageblatt GmbH & Co. KG

Gedruckt auf alterungsbeständigem Papier.

Anleitung für Erzieherinnen und Erzieher, Lehrkräfte und Eltern

Das Programm dient dazu, die Entwicklung von Kindern auf behutsame und kindgemäße Weise wirksam zu fördern. Das Konzept wurde bei Tausenden von Kindern erprobt und ist wissenschaftlich vielfach getestet. Die Ergebnisse der Forschungen sind in über neunzig Artikeln in wissenschaftlichen Fachzeitschriften des In- und Auslands veröffentlicht. Eine Liste der Veröffentlichungen finden Sie im Internet unter http://www.v-r.de/de/Marx-Keiner-ist-so-schlau-wie-ich-III/t/1001006903/.

Das Trainingskonzept hat sich ungewöhnlich gut bewährt. Nachweislich fördert es die geistigen Fähigkeiten von Kindern bedeutsam, was sich im Intelligenztest zeigt und in noch stärkerem Maße beim Lernen in der Schule. Das Konzept wurde auch schon bei über tausend Kindern in Kindergärten erprobt, und die Forschungen in Kindergärten zeigen, dass es sowohl die geistige Entwicklung allgemein als auch die sprachliche Entwicklung erheblich fördert. Eingesetzt werden kann das vorliegende Programm bei Kindern ab etwa fünf Jahren, je nach dem Entwicklungsstand aber auch früher oder später, etwa im Förderunterricht der Grundschule. Weil die gebotene Förderung so wirkungsvoll und hilfreich ist, empfiehlt es sich, schon früh damit zu beginnen. Idealerweise werden Kinder deshalb vom vierten Lebensjahr an mit den drei aufeinander aufbauenden Heften von „Keiner ist so schlau wie ich" gefördert. Wenn dieser Einstieg jedoch verpasst wurde, dann ist der direkte Einstieg mit Heft II oder Heft III auch problemlos möglich.

Das Programm dient dazu, eine *Strategie* zu vermitteln, die bei der Bewältigung anspruchsvoller Aufgaben hilfreich ist. Das sollte locker und in spielerischer Weise geschehen. Die Strategie ist im Grunde genommen einfach und leicht zu erlernen, denn schon Kinder wenden sie von sich aus an, nur eben nicht immer, wenn dies sein sollte, und auch nicht immer konsequent genug. Es handelt sich um die Strategie des *Vergleichens*. Beim Vergleichen geht es darum, *Gemeinsamkeiten* zu entdecken und *Unterschiede* festzustellen. So einfach ist das.

Gemeinsamkeiten lassen sich leicht entdecken. Vergleicht man etwa einen Apfel mit einer Birne, so haben sie vieles gemeinsam, man kann sie beide essen, es sind Früchte, sie wachsen auf Bäumen, man kann sie im Geschäft kaufen usw. Natürlich gibt es auch Unterschiede: Sie unterscheiden sich in der Form, im Geschmack, oft auch in der Farbe usw. In diesen Beispielen haben die Gemeinsamkeiten wie die Unterschiede mit *Merkmalen* oder *Eigenschaften* zu tun. Dass es sich um Früchte handelt, um Essbares, um verschiedene Farben und Formen, das alles sind Merkmale von Dingen. Lernen Kinder, auf gemeinsame Merkmale zu achten, so üben sie die Begriffsbildung ein, die Bildung von *Allgemeinbegriffen*, ohne dass dies den Kindern selbst überhaupt bewusst wird.

In anderen Fällen beziehen sich Gemeinsamkeiten und Unterschiede auf *Beziehungen* statt auf Merkmale. Beziehungen können immer nur zwischen mindestens *zwei* Dingen bestehen. Zwischen Pferd und Fohlen besteht eine Beziehung, zwischen Huhn und Küken besteht die gleiche Beziehung. Die Paare unterscheiden sich zwar deutlich, aber sie sind durch *eine* Beziehung verbunden, die sie gemeinsam haben. Es ist dieselbe Beziehung wie die zwischen Mutter und Kind. Man kann auch an die Beziehungen „… größer als …" oder „… älter als …" denken. Mit Beziehungen werden *Zusammenhänge* erkannt, oft auch *Gesetzmäßigkeiten*. Deshalb ist es wichtig, Gemeinsamkeiten und Unterschiede auch bei Beziehungen zu entdecken.

Die Kinder üben in dem Programm also, Dinge zu vergleichen, Gemeinsamkeiten und Unterschiede zu finden. Die Gemeinsamkeiten und Unterschiede haben entweder mit Merkmalen von Dingen zu tun oder mit Beziehungen zwischen Dingen. Natürlich sollen die Kinder diese Wörter noch nicht lernen, insbesondere nicht Wörter wie *Merkmale, Eigenschaften* oder *Beziehungen,* und schon gar nicht Wörter wie *Allgemeinbegriffe, Zusammenhänge* oder *Gesetzmäßigkeiten*. Gemäß der Fachsprache geht es dabei um induktives Denken. Tatsächlich hilft das Programm, diese zentralen geistigen Leistungen spielerisch und locker einzuüben, was den Kindern später einen großen Vorsprung sichern wird.

Es gibt genau sechs Aufgabenklassen, bei denen es um das Vergleichen geht, die nun kurz erläutert werden sollen. Auch diese Aufgabenklassen brauchen Kinder nicht kennenzulernen. Es kommt nur darauf an, dass Sie als Trainerin oder Trainer wissen, worum es bei den verschiedenen Aufgaben eigentlich geht.

Drei Aufgabenklassen haben es mit dem Vergleich von *Merkmalen* zu tun: Die Generalisierung (GE), die Diskrimination (DI) und die Kreuzklassifikation (KK). Bei den GE-Aufgaben ist zu entdecken, welche Merkmale die Dinge gemeinsam haben. Bei den DI-Aufgaben geht es darum, Unterschiede zwischen den Merkmalen zu entdecken, und bei den KK-Aufgaben sind sowohl Gemeinsamkeiten als auch Unterschiede in den Merkmalen zu finden.

Drei Aufgabenklassen haben es entsprechend mit dem Vergleich von *Beziehungen* zu tun: Beziehungserfassung (BE), Beziehungsunterscheidung (BU) und Systembildung (SB). Bei den BE-Aufgaben sind Gemeinsamkeiten zwischen Beziehungen, bei den BU-Aufgaben Unterschiede zwischen den Beziehungen und bei den SB-Aufgaben sowohl Gemeinsamkeiten als auch Unterschiede zu entdecken.

Die Abkürzungen finden Sie auch auf den einzelnen Blättern unten. Sie sollen Ihnen helfen, besser zu verstehen, worauf es bei der jeweiligen Aufgabe ankommt.

Im Übungsheft finden Sie zehn Aufgabenblätter für jede der sechs Arten von Aufgaben. Allerdings ist die Reihenfolge so geordnet, dass nach jeder Aufgabe eine Aufgabe folgt, die zu einer anderen Aufgabenklasse gehört. So bekommen die Kinder Gelegenheit, immer wieder zu vergleichen, immer wieder nach Gemeinsamkeiten zu suchen und Unterschiede festzustellen – aber bei stets wechselnden Objekten. Auf diese Weise wird die Strategie des Vergleichens intensiv eingeübt, und es wird gelernt, sie auf immer neue Aufgaben anzuwenden.

Empfohlen wird, in einer Übungssitzung nur sechs Aufgaben zu behandeln, damit die Kinder nicht überfordert werden. Führt man pro Woche zwei solcher Übungen durch, so beansprucht das Programm fünf Wochen. Nicht empfohlen wird, mehr als sechs Aufgaben nacheinander zu üben. Möglich und sinnvoll ist allerdings, frühere Aufgaben später zu wiederholen.

Beim Training halten Sie sich zweckmäßig an die Anweisungen, die auf jedem Blatt stehen. Sollte aber das Kind eine andere Lösung vorschlagen, die auch sinnvoll ist und vielleicht sogar vom Kind gut begründet werden kann, so akzeptieren Sie diese Lösung unbedingt.

Wichtig ist, die Übungen für die Kinder interessant und spannend zu gestalten. So empfiehlt es sich, das Heft als Belohnung einzusetzen: Jeder kleine Erfolg wird erfreut zur Kenntnis genommen und belobigt. Weiterhin sollte man immer wieder das Kind ermuntern zu vergleichen. Was haben die gemeinsam? Worin unterscheiden sie sich? Mit der Zeit können Kinder sich dann schon selbst diese Fragen vorlegen. Und wenn ein Kind nicht weiter weiß, so ist es angebracht, dem Kind zu helfen. Am besten demonstriert man dann ganz langsam, wie man vorgeht, und erläutert sprachlich die Demonstration. Danach kann man das Kind bitten, ebenso zu verfahren.

Keinesfalls darf Stress oder Ärger entstehen. Sollte dies der Fall sein, so ist irgendetwas schief gelaufen. Besser bricht man zuvor ab. Die Arbeit mit dem Heft soll eine Belohnung sein, sie soll Spaß machen.

Das Training kann in Einzelsitzungen, mit einem Paar von Kindern oder mit einer kleinen Gruppe von bis zu drei Kindern durchgeführt werden. Beim Einzeltraining kann man sich dem Tempo des Kindes besonders gut anpassen. Ein Training mit zwei oder gar drei Kindern hat auch Vorteile. Dabei muss man darauf achten, dass nicht ein Kind zu stark dominiert und dass die anderen auch zum Zuge kommen. Hierzu gibt es zwei gut geeignete Vorgehensweisen. Variante 1: Das erste Kind darf die erste Frage bearbeiten („Was siehst du da? Erkläre."), wobei das andere Kind oder die anderen Kinder aufpassen und nachträglich auch verbessern dürfen. Das zweite Kind darf dann mit der zweiten Frage beginnen, und immer abwechselnd geht es so weiter. Variante 2: Das erste Kind löst die erste Aufgabe, das zweite Kind löst die zweite Aufgabe und so weiter. Während ein Kind die Aufgabe löst, passen die anderen gut auf und anschließend dürfen sie selbst Vorschläge machen. Auf diese Weise kann keines der Kinder dominieren, jedes bekommt seinen Anteil. Wichtig ist, dass die anderen aufpassen und mitbekommen, was gerade von einem Kind gesagt wird.

Die Autoren

So viele Sachen

Schritt 1: Was siehst du da? Erkläre.
Schritt 2: Wo sind denn immer gleich viele? Was haben die gemeinsam (die Anzahl)?
Schritt 3: Verbinde mit Strichen die mit gleicher Anzahl.

GE

In der Küche

Schritt 1: Was siehst du da? Erkläre *(Alles soll richtig benannt werden.)*.
Schritt 2: Eines passt aber nicht dazu. Welches (die Zange)?
Schritt 3: Was haben alle anderen gemeinsam (Man benutzt sie beim Essen oder Trinken oder bei der Zubereitung von Essen.)?

DI

Bitte endlich einmal aufräumen

Schritt 1: Was siehst du da? Erkläre.
Schritt 2: Was gehört wohl wohin?
Schritt 3: Im Regal – was ist also oben, was in der Mitte, was unten?
Und was ist im Regal auf der linken Seite, was auf der rechten Seite?

KK

Ein ganzer Tag lang

Schritt 1: Was siehst du da? Erkläre.
Schritt 2: Wo fängt es an? Und wie geht es weiter?
Schritt 3: Ordne die Bilder der Reihe nach (1., 2., 3., usw.).
Schritt 4: Schreibe die richtige Zahl zu jedem Bild.

BE

Findest du den Fehler?

Schritt 1: Was siehst du da? Erkläre.
Schritt 2: Wo stimmt denn da etwas nicht (Reihenfolge)?
Schritt 3: Kannst du die richtige Reihenfolge angeben
 (nach Baum im Sommer folgt Baum im Herbst, dann Baum im Winter)?

BU

Wer kann das tragen, schieben oder rollen?

Schritt 1: Was von den Sachen kann man tragen (Körbchen, Eimer, Kartoffelsack)?
Schritt 2: Und was kann man schieben (Spielzeugauto, Kinderwagen, Bollerwagen)?
Schritt 3: Und was kann man rollen (Spielzeugball, großen Ball, Fass)?
Schritt 4: Wer kann was tragen: das Kind, der große Junge, der Mann?
Schritt 5: Wer kann was schieben?
Schritt 6: Und wer kann was rollen?

Was tun die da?

Schritt 1: Was siehst du da? Erkläre.
Schritt 2: Beschreibe genau die obere Reihe, was der Junge tut, was die beiden tun.
Schritt 3: Beschreibe so auch die weiteren Reihen *(Bitte darauf achten, dass Einzahl und Mehrzahl korrekt gebraucht werden.)*.

GE

Für die Schule packen

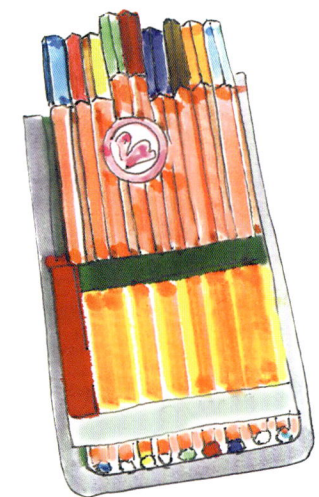

Schritt 1: Was siehst du da? Erkläre *(Alles soll richtig benannt werden.)*.
Schritt 2: Zwei gehören aber nicht dazu, welche (Traktor und leeres Wasserglas)?
Schritt 3: Was haben alle anderen gemeinsam?

DI

Wir wollen mitspielen

Schritt 1: Was spielen die denn da?
 Die beiden Gruppen oben (Fußball; mit Puppen), die beiden Gruppen darunter (im Sand; Hüpfen)?
Schritt 2: Es kommen noch vier dazu. Wo spielen die wohl am besten mit?
Schritt 3: Warum wohl (Geschlecht, Alter)?

KK

Wie geht es weiter?

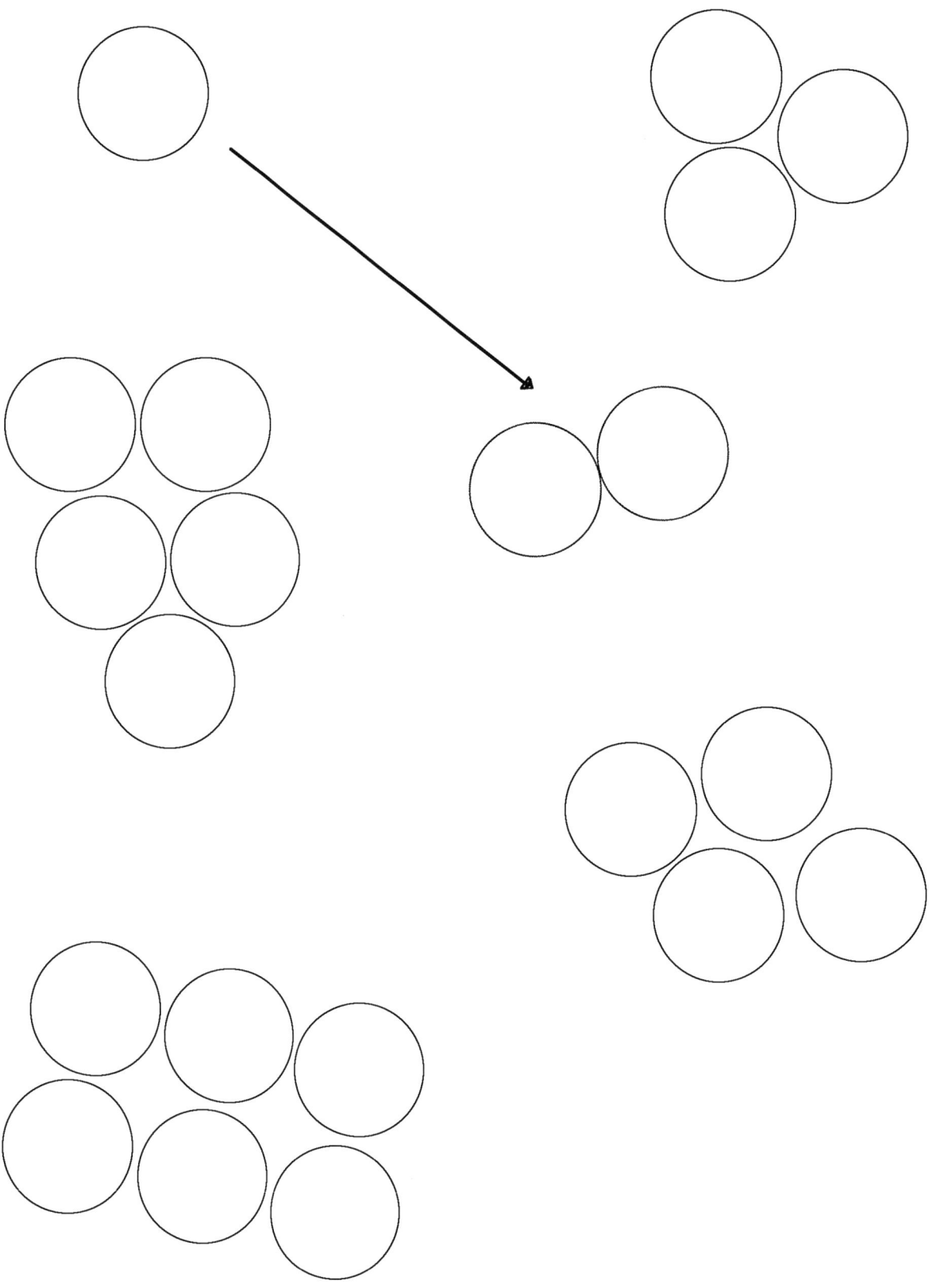

Schritt 1: Worum geht es hier? Erkläre (immer ein Kreis mehr).
Schritt 2: Wie geht es weiter? Verbinde durch Striche.

BE

Im Garten gibt es viel zu tun

Schritt 1: Was siehst du da? Erkläre.
Schritt 2: Was tun die Einzelnen *(beschreiben lassen)*?
Schritt 3: Wer passt nicht dazu? Und warum nicht?
Schritt 4: Was haben alle anderen gemeinsam *(arbeiten etwas)*?

BU

Fleißige Leute

Schritt 1: Was siehst du da? Erkläre.
Schritt 2: Was kommt nach oben rechts und warum (Frau mit Staubsauger; alle drei erzeugen Geräusche)?
Schritt 3: Was kommt nach unten und warum (die beiden anderen; Reihenfolge unwichtig; die in der unteren Reihe machen keinen Lärm)?

Sorgfältig aufpassen

m m m m m m m m m n m m

m m m m m m m m m m m n

m m n n m m m m m m m m

n m m m m m m m m m n m

m m m m m m m m m m m m

Schritt 1: Suche jedes n und streiche es durch *(Konzentrationsübung)*.
Schritt 2: Wie viele n gibt es in den Reihen (je eines in den beiden ersten Reihen, je zwei in den Reihen 3 und 4, keines in der letzten Reihe)?

Lauter Äpfel

Schritt 1: Mutti wollte nur Äpfel kaufen. Was sagst du dazu?
Schritt 2: Was findest du außer den Äpfeln noch (Birnen)?
Schritt 3: Wo genau sind die und wie viele sind es?

DI

Jede Menge Autos

Schritt 1: Was siehst du da? Erkläre *(auf Unterscheidungen achten)*.
Schritt 2: Kannst du jedes von unten richtig nach oben zuordnen? Wohin kommt …?
Schritt 3: Worauf muss man also achten (Form, Größe) und worauf nicht (Farbe)?

KK

Immer etwas mehr

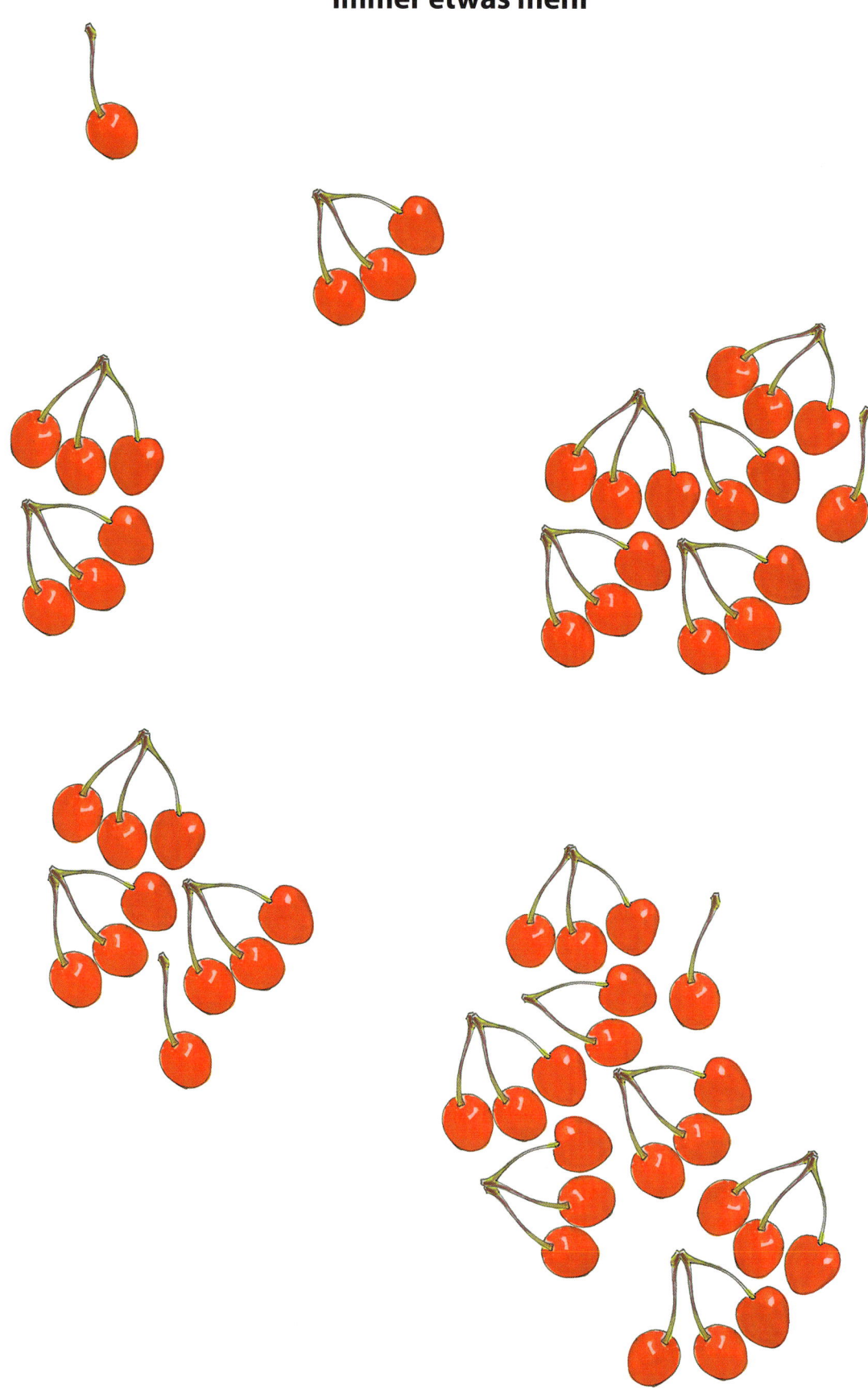

Schritt 1: Wie geht es hier weiter (plus 2, plus 3, …)?
Schritt 2: Verbinde durch Striche.

Nach der Schule

Schritt 1: Was siehst du da? Erkläre.
Schritt 2: Erzähle die Geschichte der Reihe nach.
Schritt 3: Was stimmt denn da nicht?
Schritt 4: Wie geht es besser?

Rätsel

Schritt 1: Was siehst du da? Erkläre.
Schritt 2: Finde heraus:
          Was gehört in die Küche und ist nicht zum Kochen da (Spülschwamm)?
          Was kann nur ein Mann tragen und enthält etwas zum Essen (Kartoffelsack)?
          Was kommt allein den Abhang herunter, aber nicht allein herauf (Spielzeugauto)?
          Womit kann Papa mit dir sprechen, wenn er gar nicht da ist (Telefon)?
          Was kann man umkippen und gehört doch ins Wohnzimmer (Stuhl)?
          Was sieht aus wie eine Mutter und kann nicht sprechen (Foto von Mutter mit Kind)?
Schritt 3: Was passt nicht hinein (Eichhörnchen)?

SB

Was kommt in welche Tonne?

Schritt 1: Was gehört wohin? Und warum?
Schritt 2: Verbinde mit Strichen.

Nach dem Urlaub

Schritt 1: Was siehst du da? Erkläre.
Schritt 2: Eines passt aber nicht richtig dazu. Welches ist das (Foto der Mutter mit dem Baby)?
Schritt 3: Was haben alle anderen gemeinsam (Kinderfotos, ältere Kinder, keine Erwachsenen dabei)?

DI

Genug Puppen?

Schritt 1: Was siehst du da? Erkläre *(auf Unterschiede achten)*.
Schritt 2: Nun versuche, jedes von unten richtig nach oben einzuordnen. Wohin kommt …?
Schritt 3: Worauf muss man achten (Größe, Geschlecht)?
Schritt 4: Worauf muss man nicht achten (Art und Farbe der Kleidung)?
Schritt 5: Was passt überhaupt nicht nach oben?

KK

Ob du das wohl schaffst?

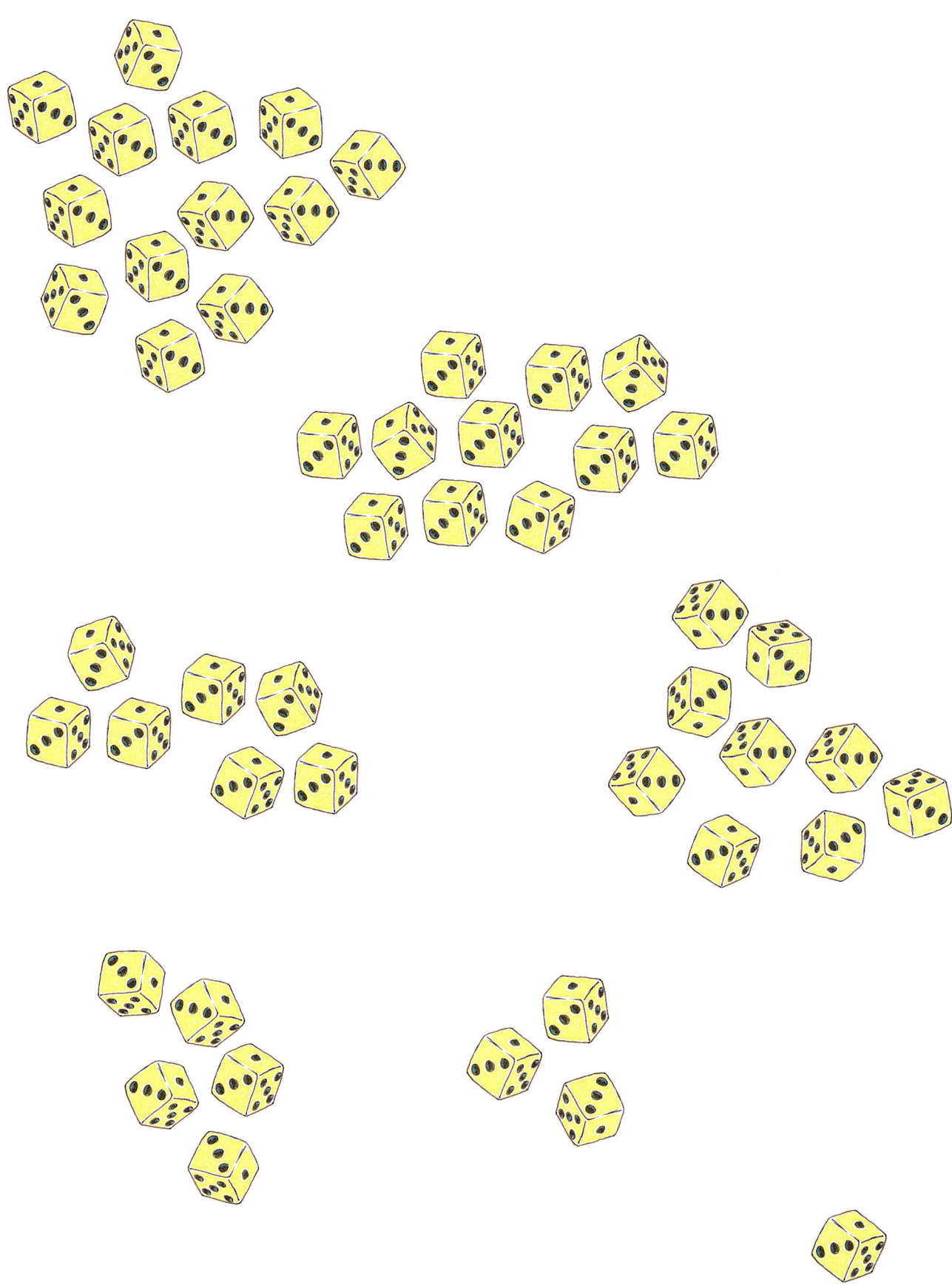

Schritt 1: Wie geht es denn hier weiter (immer minus 2)?
Schritt 2: Verbinde mit Strichen zur richtigen Reihenfolge.

Zehn Finger

Schritt 1: Erkennst du den Fehler?
Schritt 2: Wie müsste es richtig sein?

Ziemlich schwer, was meinst du?

Schritt 1: Hier müssen wir etwas einordnen. Was gehört wohl wohin?
Schritt 2: Was haben die in der ersten Reihe gemeinsam (tragen etwas)?
Was fehlt dann noch in der ersten Reihe (Mädchen mit dem Eimer)?
Schritt 3: Was tun die wohl in der zweiten Reihe (schieben etwas)?
Ergänze entsprechend.
Schritt 4: Was tun die in der letzten Reihe (rollen etwas)?
Ergänze entsprechend.
Schritt 5: Und was bleibt übrig (Kind mit Dreirad)?
Schritt 6: Wie unterscheiden sich die drei Spalten (1. Spalte leichte Sachen, 2. Spalte mittelschwere, 3. Spalte schwere Sachen)?

SB

Kannst du schon einsortieren?

Schritt 1: Was siehst du da? Erkläre.
Schritt 2: Was kommt in den Topf für Steinobst (Pflaumen und Pfirsiche) und was in den anderen Topf?
Schritt 3: Etwas gehört überhaupt nicht dazu. Was (Tomate)?

GE

Was haben wir denn da?

Schritt 1: Eines passt nicht dazu. Welches wohl (Kreis)?
Schritt 2: Was haben alle anderen gemeinsam (Ecken, sind eckig)?

DI

Hast du Angst vor Tieren?

Schritt 1: Was siehst du da? Erkläre *(auf richtige Bezeichnungen achten)*.
Schritt 2: Kannst du von unten richtig nach oben zuordnen?
Wohin kommt …?
Schritt 3: Worauf muss man also achten (Haustier – wildes Tier; großes Tier – kleines Tier)?
Schritt 4: Welche Tiere leben wild und sind groß? Welche der wilden Tiere sind klein?
Schritt 5: Welche sind Haustiere und klein? Welche der Haustiere sind groß?

KK

Alle sind so fleißig

Schritt 1: Was siehst du da? Erkläre.
Schritt 2: „Vater spült Teller". Wer von den anderen passt am besten dazu (Junge, der den Bürgersteig fegt)?
Schritt 3 *(Der Reihe nach prüfen und begründen lassen):* Warum passt der spülende Vater am besten zu dem Jungen (Beide reinigen etwas.)?

BE

Haushaltwaren

Beim Einkauf

Schritt 1: Was passiert da? Beschreibe genau.
Schritt 2: Hast du entdeckt, was da nicht stimmt?
Schritt 3: Wie ist die Reihenfolge in Wirklichkeit?

Einfach oder schwer?

Schritt 1: Was siehst du da? Erkläre.
Schritt 2: Es gibt vier Bilder vom Mädchen und vier vom Jungen.
Aber es passt nur eines vom Jungen zu einem vom Mädchen.
Welches (lesender Junge zu lesendem Mädchen)?
Schritt 3: Warum passen die übrigen nicht zueinander (Der Junge sitzt beim Flötenspielen,
das Mädchen steht …)? Erkläre genauer.
Schritt 4: Betrachte die Bilder vom Mädchen: Was haben die oberen gemeinsam, was die unteren?

SB

Kannst du hören, was die gemeinsam haben?

Schritt 1: Was haben die in der ersten Reihe gemeinsam (beginnen mit dem Laut f)?
Schritt 2: Was haben die in der zweiten Reihe gemeinsam?
Schritt 3: Und was die in den übrigen Reihen *(Vorübung zur Rechtschreibung)*?

Guten Appetit

Schritt 1: Was siehst du da? Erkläre *(Alles soll richtig benannt werden.)*.
Schritt 2: Was haben alle gemeinsam (sind essbar)?
Schritt 3: Eines passt aber nicht richtig dazu. Welches?
Schritt 4: Warum passen die Nudeln nicht dazu (sind ungekocht nicht essbar)?

Noch einmal: Zuordnen

Schritt 1 (untere Hälfte abgedeckt): Was siehst du oben? Erkläre.
Schritt 2 (untere Hälfte aufgedeckt): Was siehst du unten? Vergleiche und erkläre.
Schritt 3: Wo würdest du den Löffel, die Suppenkelle und die Schaufel hinzufügen, auf die linke Seite oder auf die rechte Seite? Und was gehört wohin genau?
Schritt 4: Ordne so auch die anderen Bilder zu.
Schritt 5: Was gehört also nach links, was nach rechts? Und warum?
Was haben die gemeinsam (belebt – nicht belebt)?
Schritt 6: Was gehört in die obere Reihe, was in die mittlere Reihe, was in die untere Reihe (klein, mittelgroß, groß)?

KK

Was passiert, wenn …?

Schritt 1: Was siehst du links *(zeigen)* und was rechts *(zeigen)*?
Schritt 2: Was gehört denn zusammen?
Schritt 3: Was passiert also, wenn …?
Schritt 4: Verbinde mit Strichen, was zusammengehört.

Legosteine

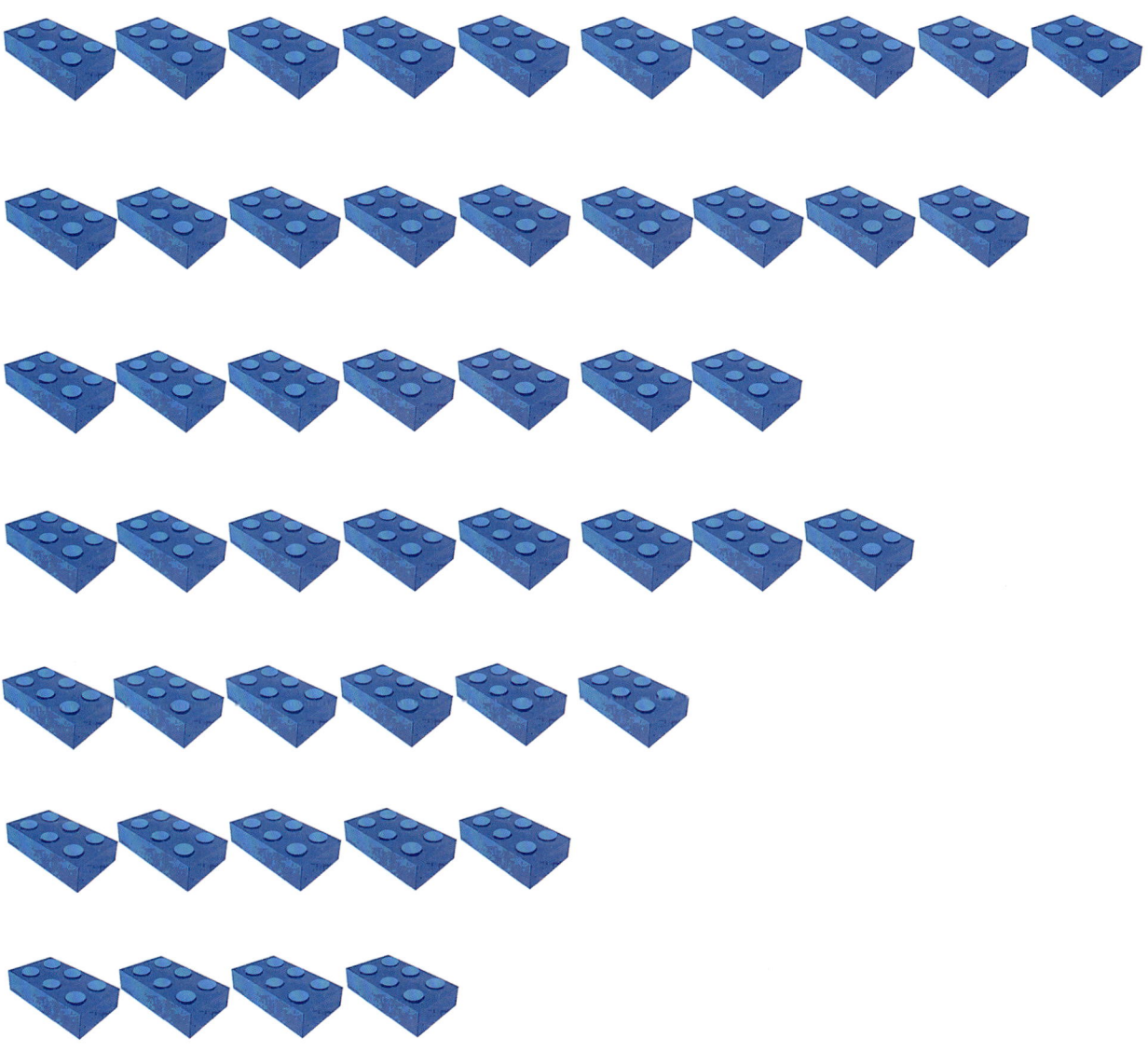

Schritt 1: Was siehst du da? Erkläre.
Schritt 2: Irgendwo stimmt etwas nicht. Kannst du es herausfinden (Reihen 3 und 4 vertauscht)?
Schritt 3: Wie müsste es also sein?

BU

Im Garten arbeiten

Schritt 1: Was siehst du da? Erkläre.
Schritt 2: Was kommt wohl noch in die obere Reihe (die beiden, die etwas pflanzen)?
Schritt 3: Was haben dann die in der oberen Reihe alle gemeinsam (pflanzen etwas)?
Schritt 4: Was kommt nach unten (Junge, der Eimer reinigt; Frau, die Tonne reinigt)?
Schritt 5: Was haben die in der unteren Reihe dann alle gemeinsam (reinigen etwas)?
Schritt 6: Was bleibt übrig (Mädchen, das den Spaten wegträgt)?
Schritt 7: Wie ist die beste Reihenfolge oben, wie die beste unten (geordnet nach der Größe der Pflanze bzw. des zu reinigenden Behältnisses)?

Immer zwei hören sich ähnlich an

Schritt 1: Was siehst du da? Erkläre.
Schritt 2: Was passt zu „Hahn" („Zahn")?
Schritt 3: Und wie gehören die anderen zusammen?
Schritt 4: Was haben die gemeinsam (hören sich gleich an, reimen sich)?
Schritt 5: Verbinde mit Strichen, was zusammengehört.

GE

Rote Rosen

Schritt 1: Irgendwo stimmt etwas nicht. Findest du es heraus?
Schritt 2: Vergleiche alle Rosen mit der von ganz oben.
Schritt 3: Wo steckt der Fehler (letzte Reihe, eine Rose mit nur 3 Blättern statt 4)?

DI

Eine bunte Kette bauen

Schritt 1: Was siehst du da? Erkläre.
Schritt 2: Es soll nun genau so weitergehen. Was kommt dann als nächstes und was danach?
Schritt 3: Schreibe 1, 2, 3 und 4 zu den Teilen unten, wie sie der Reihe nach aufgefädelt werden müssen.
Schritt 4: Was bleibt übrig und warum?

KK

In welcher Reihenfolge werden die sitzen?

Schritt 1: Was siehst du da? Erkläre.
Schritt 2: Wenn die Kinder so weitergehen, wie werden sie dann sitzen?

BE

Mit dem Bus nach Hause fahren

Schritt 1: Erzähle die Geschichte.
Schritt 2: Was stimmt da nicht?
Schritt 3: Wie müsste es eigentlich gehen? Gib die richtige Reihenfolge an.

Kennst du schon ein Sudoku?

	4	1	
1		3	4
2	3		1
4		2	3

Schritt 1: Was siehst du da? Erkläre.
Schritt 2: In jede Zeile gehören die vier Zahlen (also in jede Reihe von links nach rechts).
Schritt 3: Auch in jede Spalte gehören die vier Zahlen (also in die Reihen von oben nach unten).
Schritt 4: Aufgepasst – in keiner Reihe und keiner Spalte darf eine Zahl zweimal vorkommen.
Schritt 5: Jetzt darfst du beginnen und die Zahlen eintragen, die noch fehlen.

Hilfe, ein Unglück

Schritt 1: Was siehst du da? Erkläre. Was ist wohl passiert?
Schritt 2: Hilf doch bitte einmal ordnen. Wohin kommt was?

GE

Zwei gehören nicht dazu

Schritt 1: Was siehst du da? Erkläre *(Alles soll richtig benannt werden.)*.
Schritt 2: Zwei gehören aber nicht richtig dazu. Welche (Glas Apfelkompott, Salat)?
Schritt 3: Was haben alle anderen gemeinsam (frisches Obst)?

Zuordnen: Was passt am besten wohin?

Schritt 1: Was siehst du da? Erkläre *(Die Dinge müssen alle richtig erkannt und benannt werden.)*.

Schritt 2: Wozu passt der Rosenzweig am besten und warum (ist nicht essbar wie der Apfel, aber pflanzlich)?

Schritt 3 *(Genauso alle anderen Teile zuordnen und Zuordnung begründen lassen)*: Du darfst Striche dahin ziehen, wohin die Dinge gehören *(ACHTUNG: Schritt 4 und 5 vorher beachten.)*.

Schritt 4: Was gehört alles nach links (was essbar ist)?
Was gehört alles nach rechts (was man nicht essen kann),
und was gehört alles in die obere Reihe (was von Pflanzen kommt),
und was gehört alles in die untere Reihe (was von Tieren kommt)?

Schritt 5: Und was bleibt übrig, passt gar nicht (Beil)?

KK

Was tun die denn alle?

Schritt 1: Was siehst du da? Erkläre *(sprachlich bitte sorgfältig beschreiben lassen)*.
Schritt 2: Irgendetwas haben alle gemeinsam. Findest du es heraus?
Schritt 3 (falls Hilfe erforderlich): Jeder tut etwas. Was genau tun die alle (Sie bringen oder geben jemandem etwas.)?

BE

Schmeckt's?

Schritt 1: Was siehst du da? Erkläre *(auf genaue Beschreibung achten)*.
Schritt 2: Was tun die denn da? Was macht der Hund, der Vogel, die Ente …?
Schritt 3: Ein Tier passt aber nicht dazu, welches und warum (der Hund rechts, er frisst nicht, sondern rennt über die Wiese)?

Viele Äpfel schön geordnet

Schritt 1: Was siehst du da? Erkläre.
Schritt 2: Wie sind die roten Äpfel angeordnet und wie die grünen?
Schritt 3: Betrachte die roten Äpfel. Was ändert sich von links nach rechts, was von oben nach unten?
Schritt 4: Wie kannst du die grünen Äpfel genauso anordnen?

SB

Welche zwei Dinge braucht man gemeinsam?

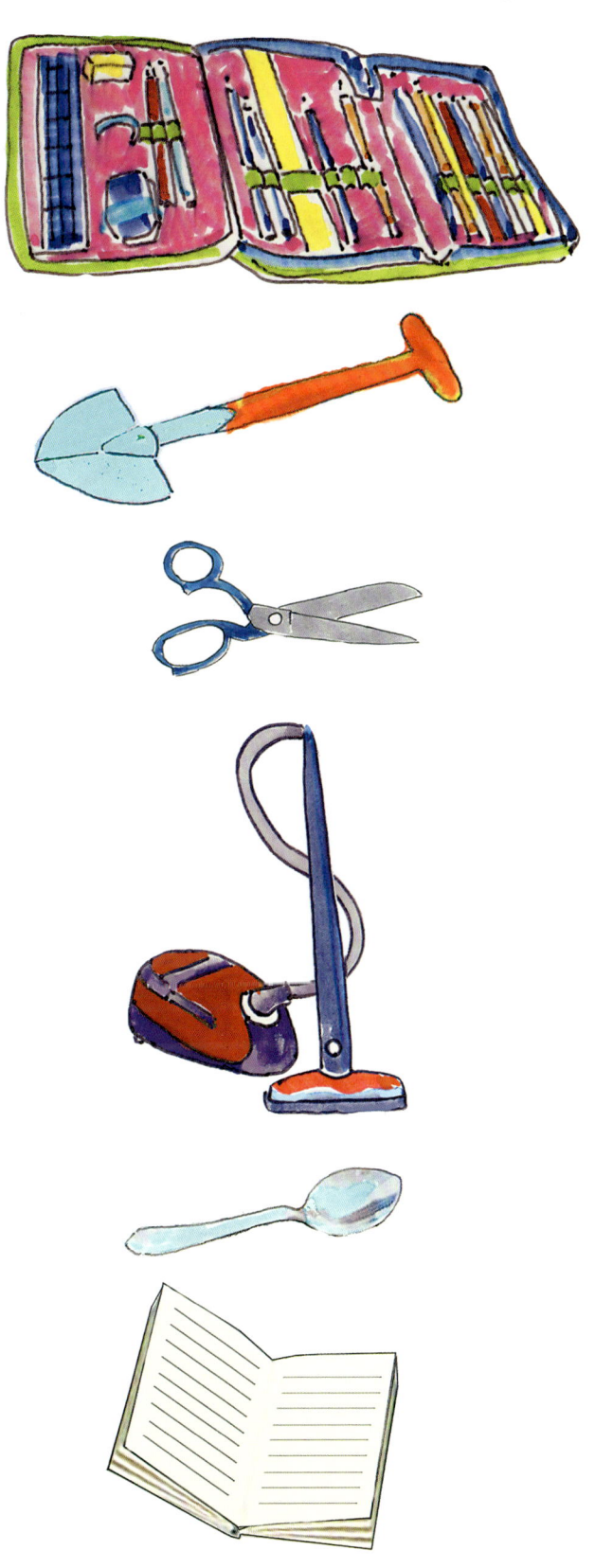

Schritt 1: Was siehst du da? Erkläre.
Schritt 2: Was gehört zusammen? Verbinde mit Strichen.
Schritt 3: Und was passt nicht dazu (Staubsauger, Teddybär)?
Schritt 4: Suche ein passendes Wort immer für die beiden, die zusammengehören
(*Oberbegriffe bilden, z. B. Schulsachen, Gartengeräte usw.*).

GE

Da passt nicht alles zusammen

Schritt 1: Was siehst du da? Erkläre.
Schritt 2: Was haben Pfanne und Tanne gemeinsam (reimen sich, hören sich ähnlich an)?
Schritt 3: Welche Paare reimen sich ebenfalls und welche nicht?
Schritt 4: Was reimt sich denn auf „Gabel" (Schnabel) und was auf „Schlüssel" (Schüssel)?

Was gehört wohin?

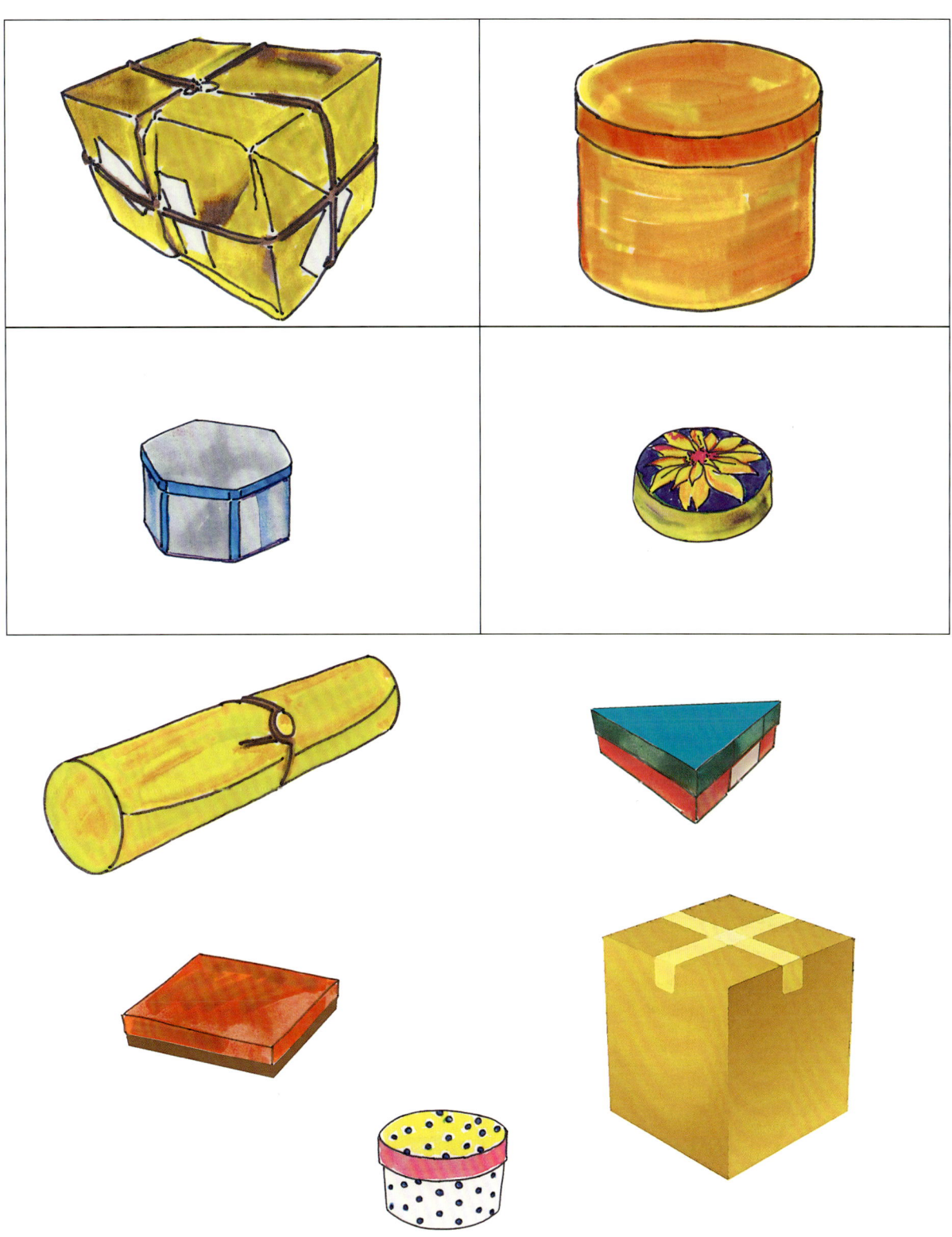

Schritt 1: Was siehst du da? Erkläre.
Schritt 2: Vergleiche: Was haben die links gemeinsam (sind eckig) und was die rechts (sind rund)?
Schritt 3: Vergleiche: Was haben die beiden oben gemeinsam (sind groß) und was die beiden unten (sind klein)?
Schritt 4: Ordne ein. Was gehört wohin? Verbinde mit Strichen.

KK

Wo …?

Schritt 1: Was siehst du da? Erkläre.
Schritt 2: Beschreibe genauer, was du siehst.
 Das Blümchen steht auf dem …, aber neben der … (Tisch, Kaffeekanne).
 Die Katze liegt … … Tisch und … dem Spielzeugauto.
 Der Spaten steht … dem Baum, und der Rechen liegt … dem Beet.
 Das Mädchen bringt … …, der auf … Kissen liegt.
 Der Junge blättert … … Buch, das … … Tisch liegt.

Beim Kochen helfen

Schritt 1: Was siehst du da? Erkläre.
Schritt 2: Irgendwo stimmt etwas nicht. Was meinst du?
Schritt 3: Wie müsste es sein?
Schritt 4: Gib die richtige Reihenfolge an – durch Zahlen oder Verbindungslinien.

BU

Birnen

Schritt 1: Was siehst du da? Erkläre.
Schritt 2: Wie sind die gelben Birnen angeordnet und wie die grünen?
Schritt 3: Betrachte die gelben Birnen.
 Was ändert sich von links nach rechts, was von oben nach unten?
Schritt 4: Wie kannst du die grünen Birnen genauso anordnen?

Achtung, genau hinsehen

 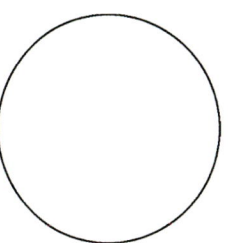

 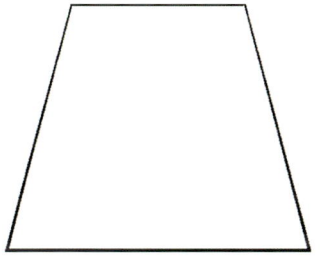

 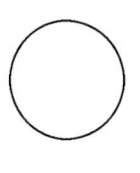

 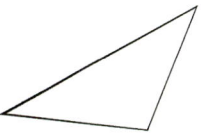

Schritt 1: Was siehst du da? Erkläre.
Schritt 2: Wohin gehören die Flächen?
Schritt 3: Verbinde mit Linien.
Schritt 4: Eine Fläche bleibt übrig. Welche (Trapez)?

GE

Wo ist ein Fehler?

pq pq pq pq pq pq pq pp pq

pq pq pq pq pq pq qq pq pq

pq pq pq pq pq pp pq pq pq

pq pq pq pq pq pq pq pq qq

Schritt 1: Was siehst du da? Erkläre (immer abwechselnd ein p und ein q).
Schritt 2: Es gibt aber Fehler. Welche (pp und qq)?
Schritt 3: Wo genau sind die Fehler (in jeder Reihe einer)?
Schritt 4: Die erste Sorte kannst du immer rot markieren, die zweite immer blau.

DI

Bauklötzchen

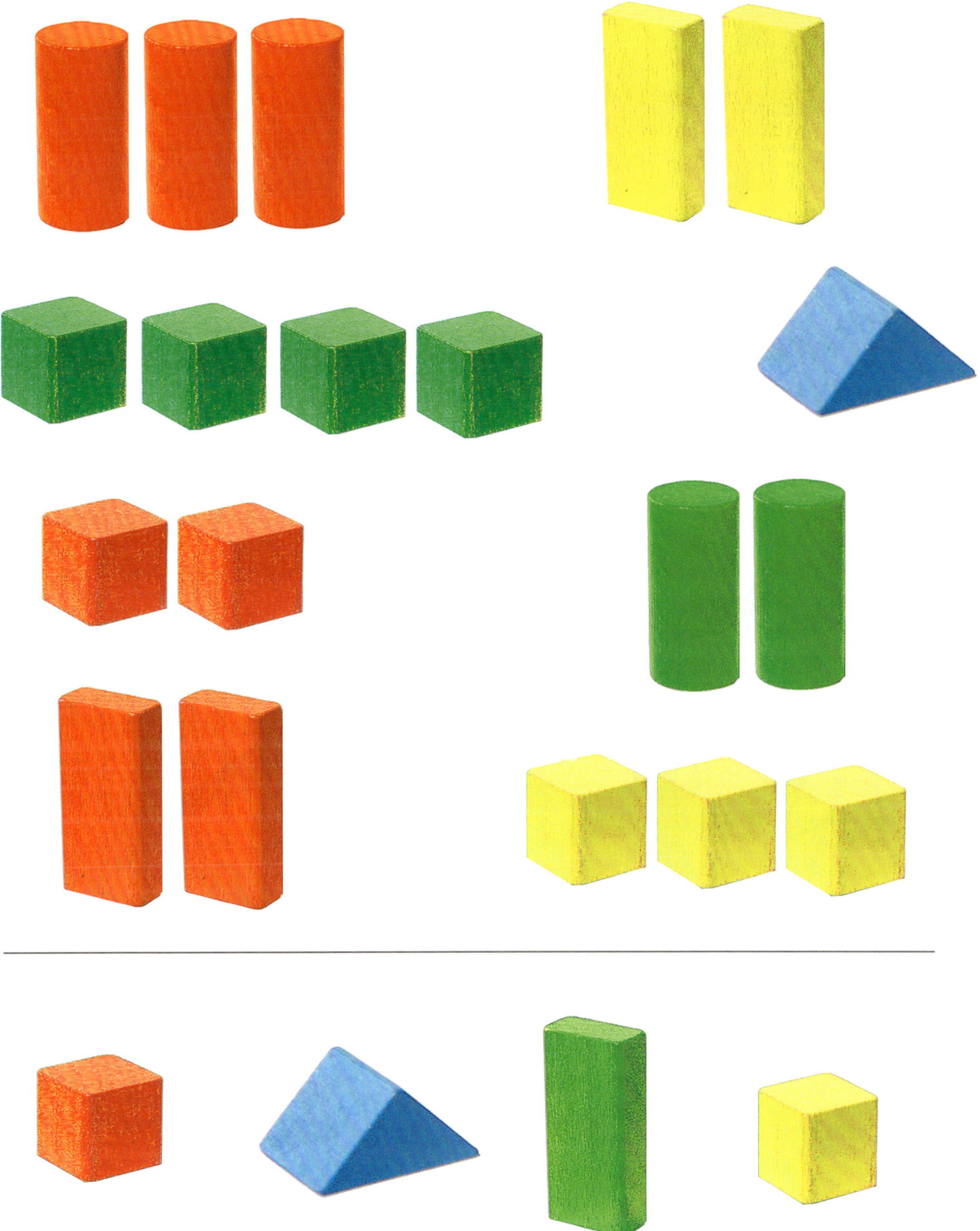

Schritt 1: Was siehst du da? Erkläre *(auf genaue Beschreibung achten)*.
Schritt 2: Kannst du die Klötzchen von unten oben zuordnen?
Schritt 3: Eines bleibt aber übrig (grüner Quader)?
Schritt 4: Worauf muss man also achten (Form und Farbe)?

Was machen die denn da?

Schritt 1: Was siehst du da? Erkläre.
Schritt 2: Beschreibe bei jedem Bild, was wer genau tut *(Bei jedem Situationsbild die Tätigkeit der zwei (Haupt-)Personen beschreiben lassen, genau auf die Sprache achten; Beispiel: Die Frau hilft dem Rollstuhlfahrer beim Aufstehen. Der Junge nimmt den Rollstuhl.)*.

BE

Tim und Helen spielen Lego

Schritt 1: Wie legt Tim seine Steine und wie Helen?
Schritt 2: Prüfe einmal genau, ob sie alles richtig gemacht haben.
Schritt 3: Wo hat Tim nicht aufgepasst (vorletzte Reihe)?
Schritt 4: Und wo hat Helen nicht aufgepasst (dritte Reihe)?

BU

Noch ein Sudoku

A	B		
	D	A	
D			C
B	C	D	

Schritt 1: Was siehst du da? Erkläre.
Schritt 2: Nur vier Buchstaben kommen vor. Welche (A, B, C, D)?
Schritt 3: Trage die fehlenden Buchstaben ein.
Schritt 4: Prüfe: In keiner der vier Reihen darf ein Buchstabe zweimal vorkommen.
Schritt 5: Prüfe: In keiner der vier Spalten darf ein Buchstabe zweimal vorkommen.

SB